AF253644

NOTICE GÉNÉALOGIQUE

SUR

LA FAMILLE

DE MONTDRAGON

PAR

Le B^{on} DU ROURE

———••••••••———

DRAGUIGNAN

IMPRIMERIE C. ET A. LATIL, BOULEVARD DE L'ESPLANADE, 4

1894

NOTICE GÉNÉALOGIQUE

SUR

LA FAMILLE

DE MONTDRAGON

PAR

Le Bon DU ROURE

———•◦◦◦◦◦◦•———

DRAGUIGNAN

IMPRIMERIE C. ET A. LATIL, BOULEVARD DE L'ESPLANADE, 4

1894

GÉNÉALOGIE

DE LA FAMILLE

DE MONTDRAGON

RS DE MONTDRAGON, MONTAUBAN, CHABRIÈRES, SUZE, LA MOTTE, VILLENEUVE, DERBOUX, CONDORCET, VALRÉAS, BÉCONE, CHANTEMERLE, SOLÉRIEU, CAIRANE, MONTBRISON, VENTEROL, ETC. ;

GRS DE LA GARDE-PARÉOL, LA PALUD, St-MARCELLIN, St-ESTÈVE, COURTHEZON, ORANGE, MORNAS, PIERRELATTE, ETC.

mes : *deux dragons monstrueux ailés, couronnés et affrontés, à face humaine de profil, à la queue terminée en serpent, se rongeant le dos (d'après un sceau en plomb) ;*

as : *de gueules au dragon a face humaine d'or, sa barbe, sa griffe et sa queue terminées en serpents, qui se rongent le dos, tenant sa barbe avec sa griffe droite (Pithon-Curt).*

Les sgrs de MONTDRAGON ont occupé, dès le milieu du XIIe siècle, une haute [sit]uation. Ils paraissent comme cautions ou témoins de nombreux actes des [com]tes de Toulouse, du roi Ildefonse, des archevêques d'Arles, etc., mais nous [n']avons pu découvrir l'origine de cette ancienne race féodale. Les noms [pa]tronymiques n'étaient pas fixés encore d'une façon générale au XIIe siècle, [et] il existe bien peu de familles qui puissent faire remonter leur histoire au [de]là de cette époque, par des documents authentiques.

Pithon-Curt est le seul auteur, à notre connaissance, qui ait étudié, au [siè]cle dernier, l'histoire des MONTDRAGON, mais déjà à ce moment leur [gé]néalogie devait être assez obscure, puisqu'il n'en donne que quelques fragments. Une filiation complète nous paraît impossible à établir, vu le petit nombre de documents découverts depuis, et nous nous contenterons de résumer ici le résultat de nos recherches.

I. Dragonet, paraît, le III des ides de janv. MCLIX (11 janv. 1160), comme fidéjusseur de la donation faite par Raimond V, cte de Toulouse, à Raimond, év. de Carpentras, du château de Venasque et de ses dépendances[1]. On le trouve, avec la même qualité, à la publication du test. d'Ermessinde, c^{tesse} de Melgueil, le III des nones de nov. (3 nov.) 1186[2], conjointement avec son fils Dragonet : *Drachonetus Drachoneti filius*. Le père et le fils sont encore témoins avec P. de Montdragon, en juin 1189, de l'hommage d'Aymar de Poitiers, c^{te} de Valentinois, à Raimond, c^{te} de Toulouse, pour le comté de Diois[3]. Nous ne savons si c'est lui ou son fils Dragonet qui figure sous le nom de *Dragonetus domnus*[4] dans le traité entre Guillaume, c^{te} de Forcalquier, et Raimond VI, c^{te} de Toulouse, en 1195[5], et dans la transaction entre Guillaume de Baux, prince d'Orange, et Rambaud de Montpellier, csgr d'Orange, en mars 1203[6]. Cependant nous croyons plutôt qu'il s'agit du fils. Dragonet testa en 1175. Ce testament que nous allons analyser est un curieux spécimen du langage vulgaire de l'époque ; il a été publié dans la *Revue des Sociétés savantes*[7], d'après une charte lacérée. Celle qui se trouve aux arch. des B.-du-Rh. est au contraire bien complète[8]. Voici comment Dragonet, qui s'intitule *lo dons*, fait le partage de ses biens entre ses fils Dragonet, Raimond et Pons : Cairane, Suze, Chabrières, les terres de « Camp-Redon, Josta, San Joan, Jullaiaz (?), San Paul, San Restezun, Estaignol, Baignanet » ; 1/4 de la Garde-Paréol, la Palud, St-Marcellin et St-Estève, sont communs entre Dragonet et Raimond. Les biens de Courthezon, Orange, Causans et Mornas sont indivis entre les trois. La part de Pons de Montdragon *lo tos* (le jeune) comprend toute la sgrie de Montdragon, excepté les terres de quelques tenanciers laissées à ses frères, la Motte, Villeneuve, Derboux, St-Just, 1/3 de Mornas et Pierrelatte. Acte dans l'église Ste-Marie du château de Montdragon, en présence de Guillaume-Hugues de Montdragon et de Geoffroy, son frère. D'après la teneur de ce testament, nous serions disposés à croire que Pons de Montdragon était fils d'un second lit de Dragonet.

Il faut remarquer que Dragonet n'était probab. que co-sgr de plusieurs des

---

[1] Bibl. Nat., F. lat., 6009. *Layette du Tr. des chartes*, T. I, p. 82. D. Vaissete (en éd. Privat), T. V, 1232.

[2] Arch. nat, J, 328. D. Vaissete, T. VIII, 323.

[3] *Id., ibid.*, 395.

[4] Et non *Dragonetus, Dominicus*, comme l'a imprimé D. Vaissete, *id., ibid.*, 434.

[5] Arch. des B.-du-Rh., B, 297.

[6] *Ibid.*, B, 302.

[7] T. 20, V^e série, 2, p. 368 (1870, 2e semestre).

[8] Chartrier de Montdragon, 86.

fiefs ci-dessus mentionnés ; nous voyons en effet, qu'en 1178, l'archevêque d'Arles inféoda à Raimond, c^te de Toulouse, les châteaux de Mornas et Montdragon[1]. De plus, on trouve aux arch. des B.-du-Rh. l'hommage prêté par Guillaume de Montdragon, fils de Dia, pour le fief de Montdragon, le 23 juin 1163[2].

Les enfants de Dragonet *lo dons*, cités dans son test., sont :

1. Dragonet, qui suit ;
2. Raimond, sur lequel on n'a aucun détail ; il était probab. mort avant 1189, puisqu'il ne paraît pas avec ses frères à l'acte d'hommage du 11 juin 1189, cité plus haut ;
3. Pons, dont il sera fait mention ci-après.

II. Dragonet de Montdragon, dit *lo Pros* (le Preux), sgr de Montdragon, Condorcet, etc. ; prit, avec son frère Pons, le parti du c^te de Toulouse, Raimond VI, contre Simon de Montfort, pendant la guerre des Albigeois, et est cité plusieurs fois dans la chronique qui en fait le récit[3]. Il fut gouverneur du jeune c^te Raimond VII[4], et combattait à ses côtés, en 1216, au siège du château de Beaucaire, où ce prince repoussa l'attaque de Simon de Montfort. L'année suivante, ce dernier s'empara des châteaux de Dragonet, détruisit la tour de Dragonet, située sur le Rhône, prit le château de la Bastide, et obligea Dragonet à se mettre de son parti[5]. La veille des nones de janv. MCCXVI (4 janv. 1217), il figure en tête des témoins de l'hommage prêté par Raimond de Roquefeuil au c^te de Toulouse. Il est cité encore dans divers actes importants de cette époque ; témoin, en juin 1202, à Ste-Euphémie-sur-le-Buech, au mariage d'André, dauphin de Viennois, avec Béatrix de Sabran, fille de Reynier, dit Claustral, sgr du Castelar[6] ; en 1206, à la concession de privilèges faite à la ville d'Avignon par Guillaume, c^te de Forcalquier[7] ; en 1210, le 14 juil., au traité entre le c^te de Toulouse et Raimond de Baux, prince d'Orange[8] ; caution, le 13 août suiv., de l'accord entre le c^te de Toulouse et l'évêque de Viviers[9]. Conjointement avec Guillaume, Hugues et Raimond de Baux, il reçut une lettre du légat Milon, datée du 18 juin 1209, lui enjoignant de cesser

---

[1] D., Vaissete, VI, 76 ; VIII, 333.

[2] *Livre du Vernègue*, T. II, 835, et *Authentique*, B, 28.

[3] M. Paul Meyer, qui a édité le poème (Société de l'Histoire de France, Paris, 1875-1879, 2 vol. in-8°), avec de nombreuses notes, a confondu généralement Dragonet et son père. Il confond également Raimond de Montauban, témoin du test. de Dragonet *lo dons*, avec Raimond de Montauban, fils de Dragonet *lo Pros*.

[4] D. Vaissete, VI, 490, 491. M. Meyer conteste la chose.

[5] *Id., ibid.*, 504.

[6] Arch. des B.-du-Rh., B, 301.

[7] *Ibid.*, B, 303.

[8] Arch. Nat., J, 300. D. Vaissete, VI, 591.

[9] Baluze, *Armoires*, V, 19, f° 134 ; D. Vaissete VI, 597.

tout commerce avec les hérétiques, d'éloigner les juifs de toute administration publique, etc[1]. Sa femme était probablement de la maison de Montauban.

Nous ne croyons pouvoir mieux faire, pour compléter ces renseignements, que de citer textuellement les analyses de quelques actes faites par M. l'abbé J. Chevalier, dans son *Etude sur les comtés de Valentinois et de Diois*[2] et qui se rapportent à Dragonet de Montdragon. En l'année 1214, Dragonet eut avec les Mévouillon un grand procès au sujet de quelques sgries, dont on lui contestait les droits de propriété; l'affaire fut heureusement terminée le 1er mai de cette même année, grâce à la médiation de Guillaume de Baux, qui réussit à faire accepter aux deux parties les conditions d'une paix définitive. Nous avons encore le texte de la sentence prononcée en cette occasion ; on y trouve quelques précieux renseignements pour l'histoire de ces familles illustres. Raimond III de Mévouillon, agissant en son nom et au nom de Saure, son épouse, fille de Guillaume-Jourdain de Fay, sgr de Mezenc, et de Mételine de Clérieu, réclamait à Dragonet et à Raimond de Montauban, son fils, la moitié du château de Valréas et de ses dépendances, la moitié des châteaux de Montbrison et de Rossieu, la quatrième partie de Cairane, le fief de Guillaùme de Mirabel et quelques autres terres d'une importance secondaire ; ces châteaux et ces domaines, ainsi que l'affirmait Raimond, avaient appartenu à Mételine, sa belle-mère, et Guillaume-Jourdain, son époux, en avait eu l'administration. D'autre part, Dragonet, en son nom et au nom de Raimond de Montauban, son fils, rappelait que Sibuida, aïeule de ce dernier, était sœur de Raimond II de Mévouillon, père de Raimond III de Mévouillon, partie dans le procès ; que cette dame n'avait jamais rien reçu de l'héritage de ses parents, ni comme dot, ni à aucun autre titre ; il était donc de toute justice, ajoutait-il, de leur abandonner à lui et à Raimond, son fils, comme payement de la dot de Sibuida, les châteaux et les terres dont il s'était mis en possession. Guillaume de Baux,... après avoir consulté Bernon, évêque de Viviers, Ripert, évêque de Vaison, et D., abbé de Senanque,... donne gain de cause à Dragonet et à Raimond de Montauban, son fils, les maintenant dans la possession des châteaux énumérés, les obligeant, toutefois, à rendre aux Mévouillon le château de St-Marcellin[3]. Dans des analyses d'actes concernant les *Montauban*, analyses faites par Chorier, et conservées à la Bibl. de la ville de Grenoble, nous trouvons un résumé du test. de Dragonet (de Montdragon), daté du 18 janv. 1232 (n. s.), dans lequel, après avoir mentionné Dragonette, sa fille, épouse d'Isoard d'Aix, il institue pour son héritier universel Dragonet de Montauban, fils de feu Raimond, son fils[4]. Quatre ans

---

[1] Bibl. Nat., F. Doat, XI, f° 14.
[2] Bulletin.... d'archéologie et de statistique de la Drôme, 90° livr., p. 443.
[3] Arch. dép. de l'Isère, B. 3159.
[4] Bibl. de Grenoble, *Ms.* U. 486, f° 65.

plus tard, dans le but sans doute d'empêcher le démembrement de sa baronnie, Dragonet de MONTDRAGON se dépouillait de tous ses biens en faveur de son petit-fils, et lui en faisait une cession pleine et entière par un acte de donation entre-vifs qui porte la date du 18 janv. 1236 (n. s.)[1]. Il mourut peu de temps après. Mentionnons enfin, pour terminer, deux actes où paraît Dragonet. En mai 1215, Guillaume de BAUX, prince d'Orange, céda en fief noble le lieu d'Esclans et son territoire à Dragonet et à Raimond de MONTAUBAN, son fils, qui le possédaient en franc-alleu et reçut d'eux l'hommage et le serment de fidélité[2]. Le IV des cal. de fév. MCCXXV (29 janv. 1226), il engage aux religieuses de St-Pons les 500 sols qu'il percevait annuellement à Alais, sur le vieux péage de Raimond PELET; dans cet acte il reconnaît que feu Guillemette, sœur de Guillaume de SIGNE, avait légué auxdites religieuses 3.200 sols, montant de la dot qui lui avait été reconnue lors de son mariage avec feu Raimond de MONTAUBAN, fils dudit Dragonet[3]. Dragonet avait été podestat d'Arles, de 1223 à 1227.

Dragonet eut pour enfants :

1. Raimond de MONTAUBAN, qui suit ;
2. Dragonette, femme d'Isoard d'AIX, fils de Guillaume ARTAUD, sgr d'Aix, Montmaur, etc., et d'Arnaude d'AIX, fille elle-même d'Hugues et d'Amalberge.

Il paraît que Dragonet de MONTDRAGON s'était remarié avec Vierne de BALADUN[4], dont il eut un fils, Guillaume, qui fit donation, en 1269, au commandeur de Trignan, de tous ses droits audit lieu[5]. Guillaume, en effet, se dit fils de feu Dragonet et de Vierne ; son sceau porte *un demi vol*. En 1229, Vierne de BALADUN confirma à la maison de l'Hôpital de Trignan, la donation que lui avait faite Pons MICHEL de ses droits à Lobi ; l'acte est écrit par Guillaume CARCELLAN, not. public *domini Drachoneti et Wilelmi de Baladuno*, et scellé d'un sceau carré portant d'un côté les armes de Dragonet: *deux dragons affrontés*, et autour : *Sigillum Dragoneti* ; de l'autre côté, les armes de BALADUN : *un demi-vol*, avec sa légende : *S. Wilelmi de Baladuno*[6]. Aucun document, à notre connaissance, ne fait mention de la postérité de Guillaume.

III. Raimond de MONTAUBAN, ép. 1° Guillemette de SIGNE, sœur de Guillaume, comme on le voit par l'acte du 29 janv. 1226, cité plus haut, et n'en eut pas d'enfants ; 2° Randone de MONTCLUS, dont la mère était sœur de

[1] Arch. de l'Isère, B. 3159.
[2] *Ibid., id..*
[3] Bibl. de Carpentras, *Ms.* de Peiresc, reg. 75, vol. 2, f° 220.
[4] Baladun, aujourd'hui Balazuc, arrond[t] de l'Argentière (Ardèche).
[5] Arch. des B.-du-Rh., Fonds de Malte, Jallès ; prieuré de Trignan, I.
[6] *Ibid., id.,* Lobi.

Raimond de BARJAC, ce dernier fils de Guillaume de RANDON, qui vivait encore en 1196. Raimond de MONTAUBAN paraît en 1218, mais était mort avant 1220. Nous voyons, en effet, qu'il confirma, en 1218, les droits dont jouissaient les Templiers de Jalès sur les terres de sa femme Randone, et entre autres ceux que lui avait concédés R. de BARJAC ; en 1220, Randone, se disant veuve de Raimond de MONTAUBAN, confirma la cession précédente. La charte portait le sceau de Randone, avec la légende : « *S. Randone de Montecluso* », ainsi que le rapporte un *vidimus* de cet acte de l'an 1295. Randone se remaria avec Guigues de CHATEAUNEUF, et les deux époux firent donation, en 1261, à leur fils Guillaume[1] ;

Raimond laissa comme enfants :

1. Dragonet de MONTDRAGON, qui suit ;
2. Bonafos, prieure du monastère St-Césaire de Nyons. Le 2 déc. 1259, Ermessende, abbesse de St-Césaire d'Arles, avait cédé en fief à Barral de BAUX les châteaux de Mirabel, Vinsobres et Nyons[2]. Dragonet de MONT-DRAGON, frère de Bonafos, et Raimond de MÉVOUILLON, religieux prêcheur, voyant dans cette cession une atteinte à leurs droits, obligèrent, le 23 juil. suiv., Bonafos à désapprouver cette vente, après l'avoir menacée d'un appel au pape[3].

IV. Dragonet de MONTDRAGON, sgr de Montauban, etc., épousa Almois de MÉVOUILLON, fille de Raimond et de Saure de FAY, cousine issue de germain de son père ; aussi lui fallut-il une dispense pour ce mariage, que lui accorda le prieur des Dominicains d'Avignon, délégué du Pape, le 13 décembre 1245[4]. Elle eut en dot : les Piles, Montolieu, Rochebrune, Aulon, St-Marcellin, Roche-St-Secret et Blacons, comme on le voit par une reconnaissance du 18 juin 1252, que lui fit son frère Raimond[5]. En qualité de sgr de Valréas, il fit faire, en 1248, une enquête contre les juifs convaincus de l'assassinat d'une petite fille. On peut voir tous les détails sur ce meurtre rituel dans Elie Berger, *Reg. d'Innocent IV*, introd., p. 218. Le XII des cal. de fév. 1249 (21 janv. 1250), il confirma à Arnaud, prieur de St-Pierre-d'Aulan, les biens apparte-nant à cette chapelle, et le 29 suiv., Pierre Rascas, not. de Dragonet, scella la charte du sceau seigneurial. Ce document, avec sa bulle en plomb, existe encore dans le fonds de St-Victor, aux arch. des B.-du-Rh., et nous a servi pour la description des armoiries données plus haut. Il mourut en 1278, et avec lui finit cette branche des MONTDRAGON, car il ne laissa que deux filles :

---

[1] Arch. des B.-du-Rh., F. du Temple, 62. Le fief de Randon passa dans la suite aux CHA-TEAUNEUF, qui en prirent le nom.

[2] Arch. des B.-du-Rh., Ch. de Salon, 154.

[3] Arch. de la Drôme, F. de St-Césaire de Nyons.

[4] Bibl. de Grenoble, *Ms.*, U, 486. J. Cheva-lier, *loc. cit.*

[5] Arch. de l'Isère, B. 3639 ; *ibid., id.*

1. Randone de MONTDRAGON, dame de Montauban, hérita de la baronnie de son père. Elle avait ép.: en 1ʳᵉˢ noces, Raimond-Gaucelin de LUNEL, fils d'autre Raimond-Gaucelin et de Sibylle de MONTPELLIER[1], dont elle eut trois enfants:

   a. Roncelin, qui n'eut pas d'enfants de Béatrix de GENÈVE, sa femme, et testa à Montpellier, le XII des cal. de janv. (21 déc.) 1294[2] ;

   b. Guise, femme de Guillaume de BAUX, fils de Raimond, prince d'Orange, et de Malberjone ;

   c. Raimonde, femme de Pons de MONTLAUR, sgr d'Aubenas et Posquières[3]. Randone ép., en 2ᵉˢ noces, Raimond-Geoffroy de CASTELLANE, fils de Boniface, dit de Galbert, et de Sibylle de Fos, qui transigea avec les Hospitaliers de Sᵗ-Gilles, le XIV des cal. d'oct. (18 sept.) 1283, au sujet des terres qui lui venaient de sa femme[4]. Cet acte intéressant a été publié dans les *Documents sur les familles de* BLACAS *et de* CASTELLANE, p. 50[5]. Raimond Geoffroy avait fait hommage au dauphin Jean Iᵉʳ, avec sa femme, le 13 nov. 1278, pour les fiefs de Montauban, Montguers, Ryons, Sᵗ-Auban, Sᵗᵉ-Euphémie et Vercoirans[6]. Randone était morte avant la fin de l'année 1295[7] et ne paraît pas avoir eu d'enfants de cette union. Son mari se remaria avec Alixende de VOISINS, et testa en 1309 ;

2. Dragonette de MONTDRAGON, mariée, peu après le 30 août 1262, avec Bertrand de BAUX, sgr de Pertuis, fils de Guillaume de Pertuis, de la maison de SABRAN, et d'Alasacie de BAUX. Il mourut sans enfants, en 1275, après avoir testé à Lisle, le 13 avril 1274, et à Naples, en 1275. Dragonette ép., en 2ᵉˢ noces, Giraud ADHÉMAR de Monteil, fils d'autre Giraud et de Tiburge AMIC, ainsi qu'il a été dit ci-devant. Dragonette testa le V des cal. de fév. (28 janv.)[8] 1291, à Montélimar, en faveur de son mari. L'original de cet acte est conservé dans les arch. de M. Morin-Pons, à Lyon.

II. Pons de MONTDRAGON, 3ᵉ fils de Dragonet *lo dons,* portait le surnom de *lo tos* (le jeune), pour le distinguer de son père Nous n'avons que fort peu de renseignements sur lui. La concordance des dates, la similitude de prénom, la possession de divers fiefs provenant de l'héritage paternel parmi ses descendants, nous font supposer avec beaucoup de vraisemblance qu'il fut père de :

III. Pons II de MONTDRAGON, cité comme père de Raimond de MONTDRAGON, ce dernier frère d'autre Pons et d'Arnaud. Il eut pour enfants :

[1] Les armes des LUNEL étaient parlantes : *l'azur au croissant renversé d'argent.*

[2] Arch. des B.-du-Rh., B. 307 ; Cf. aussi, B. 1088.

[3] Ms. de Brienne, vol. 312.

[4] Arch des B.-du-Rh., H. 822.

[5] Aix, Remondet-Aubin, in-8°, 57 p. — 1889.

[6] J. Chevalier, *loc. cit.*

[7] Arch. des B.-du-Rh., B. 399.

[8] L'inventaire des arch. de M. Morin-Pons porte par erreur la date du 27 janvier.

1. Pons de MONTDRAGON, qui suit ;
2. Raimond de MONTDRAGON, se dit fils de f. n. Pons dans l'acte de vente qu'il
   fit, le 1er avril 1272, à Pierre MATHIEU[1] ;
3. Arnaud de MONTDRAGON, sgr dudit lieu, fut témoin avec Bertrand AMIC,
   à Avignon, le XII des cal. de déc. (20 nov.) 1234, de la vente de la moitié
   du péage sur le Rhône, à Lers, faite par Albaron de LERS, pour le prix de
   600 sols[2]. Il testa, le 28 juin 1272[3], en faveur de ses quatre filles et fait
   mention de sa femme Alix ;
   a. Gaufride, femme d'Arnaud[2] de REDORTIER, sgr de Châteauneuf[4] ;
   b. Béatrix, femme d'Audibert de VERQUIÈRES[4] ;
   c. Raimonde ;
   d. Laurette, femme de Rostaing de SABRAN, csgr de Caumont, fils de
      Pierre Amic et de Garcende[5] ;
4. Laure de MONTDRAGON, mentionnée au test. de son frère Arnaud.

IV. Pons III de MONTDRAGON, sgr de Montdragon, testa le VIII des cal. de
sept. (25 août) 1261[4], à Montdragon, dans la maison de f. n. Pons de MONT-
DRAGON ; il élit sa sépulture dans le cimetière de St-Jacques, à Montdragon,
fait mention de Rixende, sa femme, lègue à ses enfants et leur choisit pour
gardien Raimond de Baux, prince d'Orange ; d'où :
1. Raimond, héritier de son père. Nous ne connaissons pas sa postérité. Ce
   doit être de lui ou d'un de ses trois frères que descendent les sgrs de
   Montdragon, qui finirent dans la famille d'Albert, vers le milieu du XVIe
   siècle, et dont on trouve la généalogie dans Pithon-Curt, T. II, p. 278
   et suiv. ;
2. Dragonet, qui fut probab. père de :
   a. Porcelette de MONTDRAGON, mariée, le 3 avril 1337, à Raimonet de
      SABRAN, fils de Guillaume et de Rosseline ADHÉMAR[6] ;
3. Poncet,   ⎫
4. Elzéar,   ⎪
5. Alasacie,   ⎬ tous légataires de leur père.
6. Rossette,   ⎪
7. Vernone.   ⎭

---

[1] Arch. des B.-du-Rh., Ch. de Montdragon,
XLII.
[2] D. Villevieille, *Tr. gen.*, LX, 42.
[3] Arch. des B.-du-Rh., Ch. de Montdragon,
XXXIV.
[4] Pithon-Curt, T. II, 278.
[5] Bon du Roure, *Not. hist. sur une branche de
la famille de Sabran*, p. 17.
[6] Archives des B.-du-Rh., Livre Rouge,
CCCCXXXVI.